AF542640

LE CARNAVAL
ET
LA FOLIE,
COMEDIE-BALLET,
REPRESENTÉE

PAR L'ACADEMIE ROYALE *DE MUSIQUE,*

POUR LA PREMIERE FOIS

Le troisiéme Janvier 1704.
Remise au théâtre, *Le seiziéme May* 1719.
Le treiziéme Juillet 1730. *Le septiéme Août* 1738.
Et le Mardi onziéme Juin. 1748.

NOUVELLE ÉDITION,

PRIX XXX. SOLS.

AUX DEPENS DE L'ACADEMIE.

On trouvera les Livres de Paroles à la Salle de l'Opera & à l'Academie Royale de Musique, rue S. Nicaise.

M. D.C.C. XLVIII.

AVEC APPROBATION ET PRIVILEGE DU ROY.

Les Paroles de Monſieur DE LA MOTTE.

La Muſique de Monſieur DESTOUCHES.

ACTEURS CHANTANS

Dans les Chœurs.

CÔTE' DU ROI.		CÔTE' DE LA REINE.	
Mesdemoiselles.	*Messieurs.*	*Mesdemoiselles.*	*Messieurs.*
Dun.	Lefebvre.	Cartou.	Deserre.
Tulou	Marcelet. Le Page C.	Monville.	Gratin.
Delorge.	Laubertie. Fel.	Masson.	S. Martin. Le Mesle.
Larcher.	Bourque.	Rôllet.	Bellanger.
Delâtre.	Houbault. Bornet.	Gondré.	Levasseur. Belot.
Cazeau.	Duchênet	Daliere.	Loüatron.
Chedville.	Orban. Rochette.	Somerville.	Chapotin.
Mariel.	Pinot.	Lablotiere.	Favier.

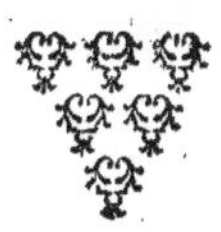

ACTEURS DU PROLOGUE.

JUPITER,	Mr. Person.
VENUS,	Mlle Romainville.
MOMUS,	Mr le Page.
MERCURE,	Mr De la Tour.

Les Dieux & les Déesses.

PERSONNAGES DANSANS.

HEBÉ.

Mlle Puvignée.

LES GRACES.

Mlles Lyonnois, Courcelle, Thieri.

JEUX & PLAISIRS.

Mr Levoir.

Mrs Caillez, Laval, Feuillade, Vestris.

Mlles Dazenoncourt, Briseval, Minot, Vestris.

PROLOGUE.

Le théâtre repréſente les Cieux, où les Dieux ſont en feſtin.

SCENE PREMIERE.

JUPITER & VENUS, alternativement avec le CHŒEUR, *en ſe faiſant ſervir le nectar.*

U'A nos vœux ici tout réponde :
Verſez-nous, verſez-nous la céleſte liqueur.
Verſez, que le nectar enchante notre cœur,
Qu'il y porte une paix profonde.

JUPITER.

C'eſt aſſez de nectar ; Amour, vien par tes feux,
Achever de nous rendre heureux.

MOMUS à JUPITER.

Ne vous faites point violence:
Junon eſt encor à Samos,
Profitez bien de ſon abſence.

JUPITER.

Téméraire Momus, laiſſe nous en repos.

Que l'on chante ici, que l'on danſe,
Livrons-nous à tous nos déſirs;
Sur notre puiſſance
Reglons nos plaiſirs.

On danſe.

VENUS.

Regnez, Amour, regnez, raſſemblez vos attraits;
Triomphez, ſur nos cœurs étendez votre empire.

CHŒUR.

Triomphez, ſur nos cœurs étendez votre empire.

VENUS & JUPITER.

Mais, qu'à ſon gré, chacun ſoupire;
Laiſſez-nous le choix de vos traits.

LE CHŒUR.

Triomphez, ſur nos cœurs étendez votre empire.

On danſe.

VENUS.

Dieu d'amour, reſerve-nous tes charmes,
C'eſt pour nos cœurs que tes plaiſirs ſont faits;

Fai-nous ſans allarmes,
Goûter leurs attraits.
Doux momens,
Doux tranſports des amans,
Ne pouvez-vous naître
Qu'après les tourmens ?
Aimons-tous,
Tendre Amour, bleſſe-nous:
Qui peut craindre pour maître
Un vainqueur ſi doux ?
Tes biens trop aimables
Sont trop peu durables,
Fixe-les pour nous.

On danſe.

VENUS alternativement avec le CHŒUR DES DÉESSES.

Viens Amour, avec tous tes charmes;
Que les jeux viennent ſur tes pas,
Nous aimons tes douces allarmes,
Tes chaînes, tes feux ſont remplis d'appas;
Prend tes traits, prépare tes armes,
Et vien te vanger des cœurs qui n'aiment pas.

On danſe.

SCENE II.

MERCURE, & les Acteurs de la Scene précédente.

MERCURE.

QUittez, quittez ces jeux, en faveur de l'Amour;
Que de nouveaux soins les suspendent;
Dans un moins superbe séjour,
De plus doux plaisirs vous attendent.

J'ai volé, j'ai servi vos feux,
Et mille charmantes mortelles
N'aspirent qu'au moment heureux
De vous voir soupirer près d'elles.

MOMUS aux Dieux.

Suivez, suivez Mercure, abandonnez les cieux.
Livrez-vous aux plaisirs; qu'envain la gloire gronde,
L'Amour est un plus digne objet.
Aimez, il est un Roi qui prend le soin du monde,
Profitez du loisir qu'un mortel vous a fait.

JUPITER.

De tes ris outrageans, c'est trop souffrir l'injure,
Cesse, Momus, de troubler nos désirs.

Fui, va chez les mortels exercer ta censure,
Et laisse ici les Dieux maîtres de leurs plaisirs.

MOMUS.

Le Destin m'a soumis au Maître du tonnerre,
J'obéis à ses loix, & je vous quitte tous:
Mais, j'espere bien-tôt vous revoir sur la terre,
Sous des formes dignes de vous.

LE CHŒUR DES DIEUX.

Allez Amours, conduisez-nous;
Sous divers changemens, trompons les yeux jaloux.

FIN DU PROLOGUE.

ACTEURS DU BALLET.

PLUTUS, *Dieu des richesses.*	Mr Poirier.
LA JEUNESSE.	Mlle Coupée
LA FOLIE, *fille de* PLUTUS *& de la* JEUNESSE.	Mlle Chevalier.
LE CARNAVAL.	Mr de Chassé.
MOMUS.	Mr Le Page.

Suite de PLUTUS *& de la* JEUNESSE.

LE CHEF DES MATELOTS	Mr Cuvillier.
MATELOTS.	
LE PROFESSEUR DE FOLIE.	Mr. de la Tour.
UN MUSICIEN ÉCOLIER.	Mr. Poirier.
UN POËTE.	Mr. Cuvillier.
LE FLEUVE L'ETHÉ.	
JUPITER.	Mr Person.
VENUS.	Mlle Romainville.
BACCHUS.	Mr Orban.
MERCURE.	Mr de la Tour.

PEUPLES DIVERS MASQUÉS.

PERSONNAGES DANSANS.

PREMIER ACTE.

SUIVANS DE PLUTUS.

Mr LYONOIS.

Mrs Dumay, Dupré, Matignon, Monſervin, Hamoche, le Febvre.

SUIVANTES DE LA JEUNESSE.

Mlle LE BRETON.

Mlles Puvignée, Dazenoncourt, Briſeval, Sauvage, Mlles Hymblot, Parquet.

SECOND ACTE.

MATELOTS.

Mlle CAMARGO.

Mr. VESTRIS, Mlle VESTRIS.

Mrs. P. Dumoulin, Dangeville, F. Dumoulin, Hamoche.

Mlles Thieri, Minot, Sauvage, Briſeval.

TROISIEME ACTE.

METASSINS & suivantes DE LA FOLIE.

Mlle DALLEMAND.

Mrs Dumay, Dupré, Feuillade, Matignon,

Mlles Puvignée, Dazenoncourt, Himblot, Devaux.

ECOLIERS.

Mr. DUPRÉ.

Mr D. Dumoulin, Mlles le Breton, Puvignée.

Mrs Hamoche, le Febvre, Laval, Caillez,

Mlles Thieri, Courcelle, Minot, Beaufort,

QUATRIEME ACTE.

PEUPLES DIVERS MASQUÉS.

Mr MONSERVAIN.

Mrs Dumay, Dupré, Matignon, Vestris.

Mlle CARVILLE.

Mlles Beaufort, Thiery, Minot, Vestris.

Mr LEVOIR.

Mrs. P. Dumoulin, Bourgeois, Caillez, Laval.

Mlle LYONOIS.

Mlles Sauvage, Briseval, Dazenoncourt, Himblot,

LE CARNAVAL
ET
LA FOLIE,

ACTE PREMIER.

Le théâtre repréſente un bois fleuri, conſacré
A LA JEUNESSE.

SCENE PREMIERE.

LE CARNAVAL.

ACCHUS, laiſſe-moi ſoupirer ;
Amour, laiſſe moi boire.
Mon cœur entre vos mains ſe plaît à ſe livrer.
Entre vous-deux, partagez la victoire.

De tendresse & de vin je me veux ennyvrer ;
L'Amour fait mes plaisirs, & Bacchus fait ma gloire.
Bacchus, laisse-moi soupirer ;
Amour, laisse-moi boire.

SCENE II.

LE CARNAVAL, MOMUS.

MOMUS.

Tu vois l'objet de la haine des Dieux,
Dans le censeur de leur caprice.
Ils m'ont banni du ciel, & le maître des cieux,
Veut jouir en paix de ses vices.

C'est toi désormais que je sers ;
Souffre que sur tes pas pour jamais je m'engage ;
Et que du nectar que je perds,
Ton vin charmant me dédomage.

ENSEMBLE.

Que {mes / tes} biens désormais soient communs entre-nous ;
Qu'à jamais l'amitié nous lie.

LE CARNAVAL.

Pour commencer des nœuds si doux,
Ecoute, c'est à toi que mon cœur se confie.

Tu vois ce séjour enchanté ;
Le repos regne sur ces rives ;
L'abondance y nourrit la molle volupté ;
Du rocher que tu vois, le paisible Léthé
Répand jusqu'aux enfers ses ondes fugitives ;
Plutus & la Jeunesse en ce charmant séjour,
Goûtent un sort exempt de peines :
Dès long-temps le fidele Amour
Les a liez de ses plus douces chaînes,
Et l'aimable Folie en a reçû le jour.

MOMUS.

Quoi ? Quel secret enfin doit suivre cette image ?

LE CARNAVAL.

Cher Momus, la Folie est l'objet qui m'engage.

MOMUS en riant.

Que votre choix est beau ! Que vos liens sont doux !
Vous ne pouviez trouver de maîtresse plus belle :
Elle seule est digne de vous,
Et vous seul êtes digne d'elle.

LE CARNAVAL.

Tel se moque de mes ardeurs,
Qui suit ses loix sans la connoître ;
Par des charmes secrets elle enchante les cœurs,
Et j'ai mille rivaux qui ne pensent pas l'être.

MOMUS.

Malgré tous vos rivaux, l'Amour doit réunir
Deux cœurs où le Destin mit tant de ressemblance;
Trop digne de la préference,
Vous êtes sur de l'obtenir.

LE CARNAVAL.

Momus, je suis aimé de l'objet qui me blesse,
Et l'hymen va bien-tôt, par ses aimables nœuds,
Achever de me rendre heureux,
Si j'y fais consentir Plutus & la Jeunesse.

On entend une simphonie.

Mais, ils viennent au bruit de ces concerts charmans,
Le tems n'affoiblit point leur flâme :
Il semble que l'Amour lance à tous les momens
Quelque trait nouveau dans leur ame.

SCENE

SCENE III.

PLUTUS, LA JEUNESSE, MOMUS, LE CARNAVAL.

Suite de PLUTUS & de LA JEUNESSE.

PLUTUS.

JEunesse brillante,
Tous les plaisirs suivent vos pas;
Sans vous rien ne contente;
Vous donnez à tout mille appas:
Il n'est point dans les cieux de Déesses si belles.
Le charme de la nouveauté
Accompagne toûjours vos graces immortelles;
Vous êtes la seule Beauté
Qui peut faire des cœurs fideles.

LA JEUNESSE.

Aimable Dieu, de qui la main dispense
Ce qui rend les mortels heureux;
Votre vaste puissance
Réunit pour vous tous les vœux:

En vous cherchant, la peine devient chere;
On se fait de vous voir le plus charmant plaisir:
Le bonheur même de vous plaire
En irrite encor le desir.

PLUTUS ET LA JEUNESSE.

Amour, de notre flâme accroi la violence;
Vole, vien resserrer nos nœuds:
Pour le prix de notre constance,
Nous ne voulons qu'être plus amoureux.

PLUTUS.

Que tout vous parle ici de l'ardeur qui m'enchante,
Déesse, voyez en ces lieux
S'élever à ma voix puissante,
Un palais digne de vos yeux.

Le théâtre change, & représente le Palais de PLUTUS.

PLUTUS.

Vous qui suivez mes pas, servez l'amour extrême,
Où mon cœur s'est abandonné;
Apportés tous les biens que le sort ma donné,
Aux pieds de la beauté que j'aime.

On danse.

SCENE IV.

LA FOLIE, & les Acteurs de la Scene précédente.

LA FOLIE.

CEssez, Jeux indiscrets, où manquoit la Folie;
Qu'ici tout se taise à ma voix.
Je ne veux point souffrir de fête où l'on m'oublie,
Et l'on ne doit ici rire que sous mes loix.

PLUTUS ET LA JEUNESSE.

Quoi! Vous osez...

LA FOLIE.

Envain ce discours vous offense.
Je dois la vie à votre amour,
Mais ne me croyés pas sous votre obéissance:
L'honneur de m'avoir mise au jour,
Vous paye assez de ma naissance;
Abandonnez cette isle, ou m'y laissez regner.

PLUTUS ET LA JEUNESSE.

Hé-bien, il faut céder à votre violence;
Puisque de vous guérir nous perdons l'esperance,
Il est tems de nous éloigner.

LA FOLIE.

Demeurez, il suffit de votre obéissance.

Que votre regne recommence;
Revenez, doux plaisirs, plaisirs, revenez-tous;
Mais revenez encor plus doux;
Vous languissiez sans moi; brillez par ma présence.

LA FOLIE, LE CARNAVAL.
ET LE CHŒUR.

Chantons: du Dieu de l'Or célébrons les appas;
Chantons la Jeunesse & ses charmes.

Une partie du CHŒUR.

Tous les cœurs lui rendent les armes.

L'AUTRE PARTIE.

Tous les cœurs volent sur ses pas.

LES PREMIERS.

Pour meriter son secours favorable,
On brave la fureur & des vents & des mers.

LA FOLIE ET LE CARNAVAL.

Elle seule embellit les plus affreux deserts;
Et sans elle, il n'est point de séjour agréable.

LES CHŒURS ET LA FOLIE.

Non, non, tout l'Univers
N'a rien de plus aimable.

On danse.

LA FOLIE.

Souffrez que l'Amour vous lie,
Jeunes cœurs, cédez à ses feux :
Sans l'Amour & la Folie,
Il n'est point de momens heureux.

L'Amour m'a prêté ses armes,
C'est à moi de lancer ses traits :
Que les plaisirs ont de charmes !
Ses rigueurs même ont des attraits.

Souffrez que l'amour vous lie,
Jeunes cœurs, cédez à ses feux :
Sans l'Amour & la Folie,
Il n'est point de momens heureux.

Suivez une erreur charmante,
Jouissez d'un bonheur constant ;
La tendre Folie enchante,
La Sagesse en fait-elle autant ?

Souffrez que l'Amour vous lie,
Jeunes cœurs, cédez à ses feux :
Sans l'Amour & la Folie,
Il n'est point de momens heureux.

On danse.

CHŒUR.

Au Dieu d'amour livrez votre ame,
Le plaisir naît de ses ardeurs ;

Qu'il triomphe, qu'il vous enflâme,
Qu'il enchaîne à jamais vos cœurs.

LE CARNAVAL à PLUTUS, & à LA JEUNENESSE.

Vous voyez, Dieux charmans, la Déesse que j'aime,
C'est à vous de regler ses vœux;
Elle daigne répondre à ma tendresse extrême,
Consentez que l'hymen nous unisse tous deux.

PLUTUS ET LA JEUNESSE.

Tout flate vos desirs, nous approuvons vos feux.

LA FOLIE sort.

LE CARNAVAL.

Belle Déesse... O ciel! Elle a quitté ces lieux!
De votre aveu sa pudeur est blessée.
Elle a fui des discours qui l'ont embarassée:
Elle veut derober ses transports à mes yeux.

CHŒUR.

Au Dieu d'amour livrez votre ame,
Le plaisir naît de ses ardeurs;
Qu'il triomphe, qu'il vous enflâme,
Qu'il enchaîne à jamais vos cœurs.

FIN DU PREMIER ACTE.

ACTE II.

Le théâtre représente une campagne fertile. On voit sur le devant d'un des côtés du théâtre, LE FLEUVE LETHÉ *endormi sur son urne, & au fonds, la mer*

SCENE PREMIERE.

LE CARNAVAL.

SOUS les loix de l'Hymen je me range sans peine,
Mon cœur y trouve des appas.
Dieu du vin, n'en murmure pas,
Tu dois t'applaudir de ma chaîne.
Les doux plaisirs qu'il prépare pour moi,
Mettront le comble à ta victoire;
Les fruits de mon hymen ne naîtront que pour toi;
Bacchus, je les voue à ta gloire.

SCENE II.

LE CARNAVAL, ET LA FOLIE.

LE CARNAVAL.

ENfin la Beauté que j'adore,
Va s'unir avec moi par les nœuds les plus doux.
L'Hymen va soulager le feu qui nous dévore;
Que nous serons d'heureux époux!

LA FOLIE.

Nous ne le sommes pas encore.

LE CARNAVAL.

Plutus & la Jeunesse approuvent mon ardeur;
Quel autre peut encor me nuire?

LA FOLIE.

Moi.

LE CARNAVAL.

Vous?

LA FOLIE.

J'allois sans eux faire votre bonheur
Leur aveu vient de le détruire.

LE CARNAVAL.

Vous voulez rire.

LA FOLIE.

Non, non, apprenez une fois
A connoître mieux la Folie ;
Je ne suis point soumise aux loix
De ceux qui m'ont donné la vie,
Le contraire de leur envie,
Détermine toujours mon choix.

LE CARNAVAL.

Sont-ce-là les plaisirs où l'hymen me convie?

LA FOLIE.

Cet hymen, ces plaisirs ne sont plus de saison.

LE CARNAVAL.

Quoi! Vous changez, perfide! Et par quelle injustice?.

LA FOLIE.

Je vous aimois sans raison,
Et je change par caprice.

LE CARNAVAL.

Ciel, me reserviez-vous à ce cruel supplice?

LA FOLIE.

J'entends votre cœur soupirer
De l'excès de votre martyre?
Goutez, si vous voulez, le plaisir d'en pleurer;
Mais, laissez-moi celui d'en rire.

LE CARNAVAL.

Non, non, n'esperez pas jouir de mes douleurs.

LA FOLIE.

Ne cachez point les allarmes
Que vous causent mes rigueurs:
Versez du moins quelques pleurs,
Pour la gloire de mes charmes.

LE CARNAVAL.

Non, non, n'esperez pas jouir de mes douleurs.

Je dégage mon cœur, & je vous rends le vôtre,
Ce n'est plus qu'au dépit que je veux me livrer.
Amour, cesse de m'assurer
Que nous étions faits l'un pour l'autre.

LA FOLIE.

Vous pouvez éprouver le charme
Des ondes dont ce fleuve arrose ces côteaux:
Ne croyez pas que votre oubli m'allarme,
Ma beauté me promet mille esclaves nouveaux.

LE CARNAVAL.

Vous serez contente, inhumaine,
J'éteindrai tous les feux dont mon cœur est rempli;
Indigne d'amour & de haine,
Vous ne meritez que l'oubli.

Fuyons, souffrons enfin que la raison me guide.
Je vais loin de vos yeux briser d'indignes fers :
Je vais entre nous deux, perfide,
Mettre tout l'espace des mers.

Il sort.

LA FOLIE.

Ah ! N'ayons pas l'affront que l'on me quitte.
Neptune, tu me dois l'hommage des mortels ;
C'est moi qui par leurs mains ai dressé tes autels,
Refuse ton onde à sa fuite.

La mer se souleve & les vents grondent.

LA FOLIE.

Vous voyez mon pouvoir ; tous les vents furieux
Ont troublé le repos de l'onde,
La terre tremble, le ciel gronde,
Les flots s'élevent jusqu'aux cieux.

CHŒUR *de gens qui font naufrage.*

Ciel ! Juste ciel !

LA FOLIE.

Quels malheureux périssent ?

CHŒUR *derriere le théâtre.*

Mille abîmes profonds s'offrent à nos regards ;
Les ondes & la mort entrent de toutes parts :
Dieux ! O Dieux ! Que nos cris, que nos vœux vous fléchissent !

Plusieurs Matelots descendent d'un vaisseau échoué.

SCENE III.

LA FOLIE, LE CARNAVAL, LE CHEF DES MATELOTS, ET LES CHŒURS.

LA FOLIE au Carnaval.

CE sont mes favoris que vous voyez venir ;
L'orage sur ces bords les contraint de descendre :
Ne vous éloignez pas, ils pourront vous apprendre
A perdre un triste souvenir.

LE CHEF DES MATELOTS.

Nos compagnons victimes de l'orage,
Ont souffert à nos yeux un trépas plein d'horreurs ;
Privez au fond des eaux des funebres honneurs,
Leurs mânes vont errer sur le fatal rivage :
Ne nous exposons plus à de pareils malheurs.

CHŒURS.

Que les vents, loin de nous, exercent leur ravage ;
Evitons à jamais les écueils & l'orage :

On danse.

LE CHEF DES MATELOTS,

ET LE CHŒUR.

Embarquons-nous, tout rit à nos desirs,
Le vent propice nous seconde,
La Fortune & tous les plaisirs
Nous attendent au bout du monde.

LA FOLIE.

Arrêtez, ingrats, arrêtez;
Et du moins en partant, rendez moi votre hommage.
C'est moi qui trace l'image
Des biens, & des plaisirs que vous vous promettez,
Et votre espoir est mon ouvrage.
Arrêtez, ingrats, arrêtez,
Et du moins en partant, rendez-moi votre hommage.

Les matelots lui rendent leur hommage. Elle les touche de sa marotte; ce qui leur donne une nouvelle ardeur.

On danse.

LA FOLIE.

L'orage en amour présage un doux sort,
Le plus cher des plaisirs vous attend au port.
Un beau jour s'apprête,
Tout sert vos désirs;
Voyez la tempête
Céder aux zéphirs.

L'orage en amour présage un doux sort,
Le plus cher des plaisirs vous attend au port.

Passez au rivage
L'hyver de vos ans,
Craignez moins l'orage
Dans votre printems;
Voguez en paix, & bravez la rage
Des flots & des vents.

L'orage en amour présage un doux sort,
Le plus cher des plaisirs vous attend au port.

On danse.

LA FOLIE ET LE CHŒUR.

Vents qui ne troublez point les flots
Regnez sur les humides plaines:
Fuyez, vents orageux, laissez l'onde en repos;
Eole, resserre leurs chaînes.

Les Matelots se rembarquent.

SCENE IV.

LE CARNAVAL ET LA FOLIE.

LE CARNAVAL.

LA raiſon contre vous n'a que de foibles armes,
Je ne puis vaincre mon ardeur;
Les efforts que je fais pour oublier vos charmes,
Les gravent encor mieux dans le fond de mon cœur.

Il eſt tems qu'à mes feux votre caprice céde,
Commencez mes plaiſirs, & terminez mes maux.

LA FOLIE.

Je vous laiſſe avec le remede,
Vos yeux vous ont appris le pouvoir de ces eaux.

SCENE V.

LE CARNAVAL.

OUi, cruelle, il eſt tems que mon dépit éclate:
Puiſons ici l'oubli de mes folles amours;
Mais non, pour oublier l'ingrate,
Le vin eſt le plus ſur ſecours.

Etein mes feux, briſe ma chaîne;
Dieu du vin, gueri ma langeur:

Verſe, verſe à longs-traits ta charmante liqueur;
Et pour me vanger de ma peine,
Vien noyer l'Amour dans mon cœur.

Je vais chercher Momus; je veux qu'à taſſe pleine,
Il m'aide à triompher de mon indigne ardeur.

Bacchus, rends aujourd'hui ma victoire certaine,
Verſe, verſe à longs-traits ta charmante liqueur;
Et pour me vanger de ma peine,
Vien noyer l'Amour dans mon cœur.

FIN DU SECOND ACTE.

ACTE III.

Le théâtre repréſente le palais de la F O L I E.

SCENE PREMIERE.

M O M U S.

A De nouveaux tranſports mon ami s'abandonne ;
La table & mes conſeils n'ont pû l'en garentir,
Pour ſervir ſon amour il m'en a fait ſortir.
Du moins dans l'emploi qu'il me donne,
Cherchons de quoi m'en divertir.
Mais, la Déeſſe vient.

SCENE II.

MOMUS, LA FOLIE.

MOMUS.

CRruelle, à quel tourment
Avez-vous livré votre Amant!
Ce n'eſt plus cet aimable maître
Qui ſçavoit nous inſtruire à noyer nos chagrins:
Au milieu même des feſtins,
Il ſent ſon deſeſpoir s'accroître;
Le verre lui tombe des mains,
L'Univers va le méconnoître.

LA FOLIE.

Quoi! Momus.....

MOMUS.

Votre trahiſon
L'a mis dans un trouble effroyable.

LA FOLIE.

Ah! S'il en perdoit la raiſon;
Que je le trouverois aimable!

MOMUS.

Si pour vous ſa folie eſt un charme ſi doux,
Il eſt depuis long-tems digne de votre flâme:
Le jour qu'il ſoupira pour vous,
La raiſon ſortit de ſon ame.

LA FOLIE.

Cessez donc de plaindre des feux
Qui l'ont débarrassé d'une raison cruelle :
N'est-il pas encor trop heureux,
D'être délivré d'elle ?

MOMUS.

Insultez-vous encor à son trouble amoureux ?

LA FOLIE.

La raison pour un cœur n'est qu'un bien rigoureux,
Et sa perte est un doux dommage ;
Vous-même, seriez-vous heureux,
Si vous étiez plus sage ?

MOMUS.

Quittons des détours superflus,
C'est assez éprouver votre ame :
Si vous m'aviez paru trop sensible à sa flâme,
Je vous aurois caché qu'il ne vous aime plus.

LA FOLIE.

Quoi !

MOMUS.

De son cœur l'amour n'est plus le maître,
Ces eaux que vous-même......

LA FOLIE.

Ah ! le traître !

MOMUS.

Elles ont fini son tourment.

LA FOLIE.

Juste ciel! Puis-je croire un si grand changement?

MOMUS.

L'oubli succede aux feux que vous aviez fait naître;
Affranchis désormais d'amour & de chagrin,
Nous pourrons du soir au matin,
Boire à longs-traits, chanter & rire:
Belles, le verre en main, nous braverons vos coups,
Et nous ne songerons à vous,
Que pour le plaisir d'en médire.

LA FOLIE.

C'en est donc fait, tu n'es plus sous ma loi,
Ingrat, tous tes sermens sont autant de parjures;
Si j'avois outragé ta foi,
Qui t'empêchoit, cruel, d'éclater en murmures?
Il falloit m'accabler d'injures,
C'auroit été du moins te souvenir de moi.

Je ne me connois plus dans ma douleur profonde;
Que tout sente avec moi mes déplaisirs cruels;
Abandonnons le soin du monde,
A la triste raison livrons tous les mortels.
Déchirons, déchirons le voile salutaire
Qu'au devant de leurs yeux je déployois toujours;
Et que privés de mon secours,
Ils sentent, comme moi, l'excès de leur misere.

Elle jette sa marotte.

Vous, allez sceptre vain, dont j'impose mes loix,
Vous n'êtes plus pour moi qu'un inutile poids;
Que sert tout cet éclat, que sert mon rang suprême,
Quand l'ingrat que j'aimois m'ose sacrifier?
Ah! Puisqu'il a pû m'oublier,
Je voudrois m'oublier moi-même!

Elle se laisse tomber.

MOMUS.

Prenant la marotte de la Folie.

Cet ornement peut servir mes desirs;
Mais, j'ai pitié du trouble où son ame se livre.
Vous, qu'elle a choisis pour la suivre,
Venez, & par vos chants calmez ses déplaisirs.

SCENE III.

MOMUS, LA FOLIE, & sa suite *qui arrive en dansant*,

CHŒUR des suivantes DE LA FOLIE.

Craignez de vous faire
Un triste destin;
Si vous voulez plaire,
Chassez le chagrin:

Dès que l'on s'y livre
On perd ses appas;
Eh, qui voudroit suivre
Désormais vos pas?
Est-il doux de vivre,
Quand on ne plaît pas?

On danse.

LA FOLIE, *se relevant.*

Quoi! Je verrois mes attraits s'effacer?
Non, non, à ma douleur j'aime mieux renoncer.

LA FOLIE ET LE CHŒUR.

Qu'en ces lieux chacun chante;
Que l'écho chante avec nous.

Tout nous rit, tout nous enchante;
Goûtons les biens les plus doux.

Heureux un cœur qui s'oublie!
Devenons encor plus foux;
De notre aimable folie,
Rendons les sages jaloux.

Le fond du théâtre s'ouvre, & laisse voir un salon rempli de Musiciens, ausquels un maître de musique bat la mesure : il paroît en même tems un Professeur de FOLIE, *suivi de plusieurs écoliers.*

LE PROFESSEUR DE FOLIE.

SOn Professor di pazzia,
Volate, Scholari,
Sarete Dottori,
Nell'arte d'all'egria.

LE CHŒUR de la suite de la FOLIE, repete
Volate, &c.

LE PROFESSEUR, donnant un papier de musique, à un Musicien.

Cantate, cantate.
Il chante avec l'écolier.
Amorosi, sospiri
Son, il canto di cuori.

LE PROFESSEUR.

E la Prima lettione:
La Secunda, ballate.

Un Danseur & une Danseuse, dansent autour de lui.

LE PROFESSEUR, à un Poëte.

La Terza, rimate.

LE POETE, en rêvant.

L'ardore,
D'Amore.

LE PROFESSEUR.

Bene, bene.

LE POETE.

L'Ardore,
D'Amore....
E goia d'el cuore.

LE PROFESSEUR.

Bene, bene, bene.
Cantate, ballate, rimate;
E d'ella pazzia la perfettione.

LE CHŒUR repete *Cantate*, &c.

On danse.

LE MUSICIEN ET LE CHŒUR.

Amour, fais nous ressentir tes feux,
Triomphe, triomphe, vien nous rendre heureux.
Que tes faveurs soient pour les plus foux.
Fuyez, Vieillesse;
Fuyez, Sagesse,
Nos tendres plaisirs ne sont pas faits pour vous.
Amour, fais nous ressentir tes feux,
Triomphe, triomphe, vien nous rendre heureux.
Puni les cruelles
Et les inconstans;
Attendri les belles,
Fixe les amans;
Qu'ils soient tous fidelles,
Qu'ils soient tous contens.
Amour &c. *On danse.*

LA FOLIE.

Venez porter ailleurs votre réjouissance,
Le changement de lieux plaît à mon inconstance.

SCENE

SCENE IV.

MOMUS LE CARNAVAL.

LE CARNAVAL.

QU'apprendrai-je, Momus, de l'objet de mes vœux?

MOMUS.

Je viens d'en triompher ſans peine,
L'amour a dans ſon cœur fait naître mille feux :
Et pour éterniſer ſa chaîne,
Elle veut que l'Hymen y joigne encor ſes nœuds.

LE CARNAVAL.

Ah Momus! Cher Momus, que tu me rends heureux!

MOMUS.

Du nouvel amour qui l'engage,
Elle ſuivra toujours la loi :
Son cœur déſormais moins volage,
M'a promis de n'aimer que moi.

LE CARNAVAL.

Qui vous?

MOMUS, en montrant la marotte.

Reconnoiſſez ce gage de ſa foi.

LE CARNAVAL.

O ciel!

MOMUS.

Epargnez-vous une plainte frivole,
Que le Dieu du vin vous console;
Du cœur d'une ingrate beauté :
Que pour ce Dieu charmant votre ardeur se réveille;
Venez, courez au vin que vous avez quitté;
Vous trouverez au fond de la bouteille,
Le repos & la liberté

Il sort.

LE CARNAVAL.

Le suivrai-je?.... Mais quoi! Laisser une volage
S'applaudir en repos de m'oser outrager?
Non, il faut la punir; c'est meriter l'outrage
Que de n'oser pas s'en vanger.

Toi, sombre & triste Hyver, Divinité puissante,
Si jamais sur tes pas j'ai conduit les plaisirs;
Si par mes soins ton regne enchante,
Plus que le regne heureux de Flore & des Zéphirs :
Reconnois mes faveurs, au gré de mes desirs,
Rends aujourd'hui ma vangeance éclatante.

Volez, volez rapides Aquilons,
Faites sur ce palais les effets de la foudre;
Qu'il se brise, qu'il tombe en poudre :
Elevez en ces lieux d'horribles tourbillons.

Les vents brisent les ornemens du palais.

FIN DU TROISIÉME ACTE.

ACTE IV.

Le théâtre représente les jardins de PLUTUS, *&* *de* LA JEUNESSE, *ravagés par les vents.*

SCENE PREMIERE.

LA FOLIE.

MON Amant dans mes fers est toujours arrêté,
Au trouble de ces lieux je vois trop qu'il m'adore :
Malgré le secours du Léthé,
Puisqu'il se vange, il m'aime encore.
Quel triomphe pour mes attraits !
Ah ! Que sa vangeance m'enchante !
L'air mugissant, l'onde grondante,
Les arbres arrachez dans le sein des forêts ;
Les rochers renversez, & la terre tremblante :
Ah ! Que sa vangeance m'enchante !
Quel triomphe pour mes attraits !

SCENE II.

LE CARNAVAL LA FOLIE.

LA FOLIE.

LA guerre qu'en ces lieux les vents ont declarée,
Eſt donc l'effet de vos tranſports ?
En croirons-nous l'impetueux Borée ?
Il jure qu'il vous ſert, en ravageant ces bords.

LE CARNAVAL.

N'en doutez point; il vange un amour qu'on outrage.

LA FOLIE.

Quoi ! Vous m'aimez encore ?

LE CARNAVAL.

Eh ! Puis-je vous haïr ?
Vainement je m'excite à la haine, à la rage;
Ce cœur, ce lâche cœur ne ſçauroit m'obéir.

Bacchus me fuit, & Comus m'abandonne;
Silene rit de mes vœux ſuperflus :
Moi-même je m'oublie, & ne m'enyvre plus,
Que d'un amour qui m'empoiſonne.

LA FOLIE.

Que vos tranſports charment mes yeux !

LE CARNAVAL.

Faut-il ne les ſentir que pour une infidelle !
Perfides, reconnois les lieux
Où tu m'avois promis une ardeur éternelle.

LA FOLIE s'aſſeoit, & s'aſſoupit au récit ſuivant.

Tu vois parmi les fleurs, cette eau ſuivre ſon cours,
Nos ſoupirs s'y mêloient au murmure de l'onde;
Regarde ces ſombres détours,
Nous amours y croiſſoient dans une paix profonde.

Ces arbres, ces rochers ſont témoins de ta foi;
Dans ce lieu même où mon amour te bleſſe,
Mille fois les échos m'ont redit, après toi,
Je jure de t'aimer ſans ceſſe.

LA FOLIE.

Plaignez toujours ainſi la rigueur de vos maux.
Non, le ſommeil n'a point de ſi puiſſants pavots;
C'eſt vainement que mes yeux s'en défendent,
Les aquilons m'ont ôté le repos,
Vos tendres plaintes me le rendent.

LE CARNAVAL.

Ciel! Quel eſt donc pour moi ce mépris obſtiné?
Vous ajoutez encor l'outrage à vos parjures.

LA FOLIE.

Pourquoi m'éveillez-vous? Contraignez vos murmures ;
Respectez le repos que vous m'avez donné.

LE CARNAVAL.

C'en est trop, Déesse inhumaine,
Craignez le désespoir où vous m'avez jetté ;
De mille affreux transports mon cœur est agité,
Et la rage y confond & l'amour & la haine.

LA FOLIE.

Est-ce donc là l'effet qu'a produit le Léthé ?
Ses eaux n'ont pas éteint l'ardeur qui vous possede :
Mes traits de votre cœur ne sont pas effacez ?
L'eau vous est un fâcheux remede,
Vous n'en aurez pas pris assez.

LE CARNAVAL.

Ah ! Chaque mot accroît le couroux qui m'entraîne !

LA FOLIE.

Il faut aux amans plus d'un jour,
Pour briser une aimable chaîne :
Et l'oubli ne prend pas sans peine,
La place d'un premier amour.

LE CARNAVAL.

Perfide, vous avez éprouvé le contraire,
En moins d'un jour vos feux se sont éteints.

MOMUS paroît.

Et voilà désormais le Dieu qui sçait vous plaire.

LA FOLIE.

Ciel! Qui peut avoir mis mon sceptre dans ses mains?

SCENE III.

LA FOLIE, LE CARNAVAL ET MOMUS.

LA FOLIE, reprenant sa marotte.

Quittez cet ornement que je tiens des destins,
Et par qui tout se range à mon obéissance;
Quoi! vouliez-vous sur les humains,
Exercer ma puissance?

LE CARNAVAL.

Eh! N'est-ce pas de vous que Momus en ce jour,
A reçû ce gage d'amour?

MOMUS.

Je vous ai trompé l'un & l'autre:
Mais, c'est assez jouir de son trouble & du vôtre.

Nous n'aurons plus de regrets à former,
Et chacun a suivi le penchant qui l'inspire:
Le votre étoit de vous aimer.
Le mien étoit d'en rire.

SCENE IV.

PLUTUS, LA JEUNESSE, LE CARNAVAL, LA FOLIE ET MOMUS.

PLUTUS ET LA JEUNESSE.

DIeu cruel, fuyez de ces lieux ;
N'êtes-vous pas content de cet affreux ravage ;
Fuyez, n'offrez plus à nos yeux,
Un ennemi qui nous outrage.

LE CARNAVAL.

Ah ! Pardonnez l'effet d'un transport amoureux.

PLUTUS & la JEUNESSE.

Non, non, perdés toute esperance ;
Allés porter ailleurs votre rage & vos vœux :
Nous ne voudrons jamais, après ce trouble affreux,
D'une si funeste alliance.

LA FOLIE.

Vous ne le voulés plus ?

PLUTUS & la JEUNESSE.

Non.

LA FOLIE.

Et moi je le veux.

Pour

Pour couronner sa flâme,
Et trouver nos liens charmans,
Voilà les sentimens
Où j'attendois votre ame.

On entend une simphonie ; Jupiter descend sur des nuages avec Venus, Bacchus, & Mercure.

PLUTUS & la JEUNESSE.

Mais, quels nouveaux concerts, & quels brillants nuages !
Les Dieux de leur présence honorent ces rivages.

SCENE DERNIERE.

JUPITER, VENUS, BACCHUS, MERCURE,
Et les Acteurs de la Scene précédente.

JUPITER à PLUTUS & à la JEUNESSE.

NE combattez plus leurs desirs ;
Le sort veut que l'hymen & l'amour les unissent :
Et qu'à ce nœud charmant, par de nouveaux plaisirs,
Le ciel & la terre applaudissent.
Que ce jardin se change en un palais pompeux ;
Qu'un trône s'éleve pour eux,
Qu'ils y goûtent en paix une douce victoire.

Le théâtre représente le palais du Carnaval.

VENUS.

Volés amours, volés aimables jeux,
Venés combler nos plaisirs & leur gloire.

JUPITER ET VENUS.

Vous, mortels, accourez : tout ici vous engage
A célébrer de si beaux nœuds ;
Que vos plaisirs soient votre hommage,
Le sort ne les unit que pour vous rendre heureux.

DIFFERENTS peuples viennent rendre hommage au CARNAVAL : Ils prennent de sa main, des masques ; & de celle de la FOLIE, des marottes ; & reviennent masquez se placer sur des gradins.

On danse.

CHŒUR.

Rassemblons-nous, dansons, folâtrons, chantons-tous.
Célébrons par nos chants une chaîne si belle :
Que leur flâme soit éternelle ;
Ah ! Quel bonheur & pour eux & pour nous !

JUPITER *au* CARNAVAL.

Exerce à l'avenir un pouvoir glorieux,
Vien recevoir les dons des Dieux.

CHŒUR.

Viva, viva sempre viva,
Il dio d'ell'allegria.

JUPITER ET VENUS au CARNAVAL, en lui faisant prendre une robe garnie de masques.

Sù, sù, pigliate
Quella divina veste,

CHŒUR.

Viva, viva, sempre viva,
Il Dio d'ell'allegria.

BACCHUS, donnant au CARNAVAL une courronne de pampre & de lierre.

Ti corona il Pampino,
Sarai sempre Dio del vino.

LE CHŒUR *Viva* &c.

On danse.

LA JEUNESSE.

Lietto brilla il cor nel petto,
Riede l'alma à festeggiar,
E pur caro quel diletto,
Che si prova nel amar.

On danse.

LA FOLIE.

Tendres hautbois, douces musettes,
Par vos chants amoureux, célébrez ce grand jour.
Battez tambours, sonnez trompettes;
Mars me doit son hommage, aussi-bien que l'Amour.

LE CHŒUR, repete ces deux derniers vers.

FIN.

APPROBATION.

J'Ai lû par ordre de Monseigneur le Chancelier, une réimpression du Ballet, intitulé *le Carnaval & la Folie*, & je n'y ai rien trouvé que de conforme aux Editions précédement approuvées. A Versailles, ce 14 May 1748.

DEMONCRIF.

On trouvera le Privilége à la fin des autres Opera.

De l'Imprimerie de la Veuve DELORMEL, & Fils, Imprimeur de l'Academie Royale de Musique, ruë du Foin à Sainte Geneviéve. & à la Colombe Royale.

www.ingramcontent.com/pod-product-compliance
Lightning Source LLC
LaVergne TN
LVHW010004230826
846092LV00002B/640